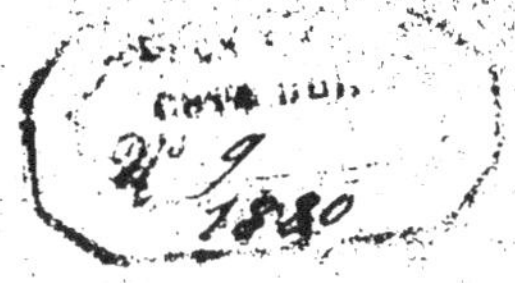

ORDRE DES AVOCATS
Près la Cour d'Appel de Dijon.

CHARLES FÉVRET

AVOCAT AU PARLEMENT DE BOURGOGNE

1583-1661

SA VIE ET SES ŒUVRES

PAR

René ROLAND
AVOCAT A LA COUR D'APPEL

Discours prononcé à l'ouverture de la Conférence des Avocats
Le 13 décembre 1879.

DIJON
IMPRIMERIE EUGÈNE JOBARD
1880

CHARLES FÉVRET

Avocat au Parlement de Bourgogne

1583-1661

SA VIE ET SES ŒUVRES

ORDRE DES AVOCATS

Près la Cour d'Appel de Dijon.

CHARLES FÉVRET

AVOCAT AU PARLEMENT DE BOURGOGNE

1583-1661

SA VIE ET SES ŒUVRES

PAR

René ROLAND

AVOCAT A LA COUR D'APPEL

Discours prononcé à l'ouverture de la Conférence des Avocats

Le 13 décembre 1879.

DIJON

IMPRIMERIE EUGÈNE JOBARD

1880

CHARLES FÉVRET

Avocat au Parlement de Bourgogne

SA VIE ET SES ŒUVRES

Monsieur le Batonnier,

Messieurs et Chers Confrères,

Pour qui voudrait écrire l'histoire de notre ordre et faire revivre les souvenirs de notre passé, la tâche serait bien difficile !

C'est à peine si, dans le cours de longues périodes, quelques noms ont échappé à l'oubli, et nous en sommes presque réduits à compter pour nos plus proches ancêtres les Démosthène, les Cicéron, les Hortensius, des avocats morts il y a plus de dix-huit siècles.

C'est en vain que le jeune avocat de notre temps, avant d'aborder la barre, voudrait consulter nos annales et soutenir son courage par la lecture de quelques pages dédiées aux gloires de son ordre. Après des siècles d'existence au grand jour l'unique recueil de nos fastes intimes est encore le *De Oratore*, et nos modèles d'éloquence sont en grec et en latin.

Sommes-nous donc si dégénérés, tombés si bas que, depuis le siècle d'Auguste, déchus de notre antique splendeur, nous restions sans éclat et sans gloire. Au milieu de ce siècle de Louis XIV si fertile en beaux noms, alors que la tragédie avait pour interprètes les Corneille et les Racine, la comédie Molière, alors que la chaire résonnait si haut et si fort sous les accents magnifiques des Bossuet, des Bourdaloue, des Massillon, le barreau était-il donc sans voix et notre toge antique privée de toute auréole ?

L'aveu serait pénible : rassurez-vous, Messieurs, nous n'avons pas à le faire.

Le Maistre (1), Patru (2), Pélisson (3), avant eux Jean Desmares (4), Barnabé Brisson (5) et le plus ancien de

---

(1) Né en 1608, à Paris, mort en 1658. On a de lui un *Recueil de plaidoyers*, Paris, 1654, et un *Traité de l'Aumône*, 1658.

(2) Né en 1604, mort en 1681. Il a laissé des plaidoyers, des discours, des mémoires, des lettres, etc... (1732, 2 vol. in-4°).

(3) Né à Béziers en 1624, mort en 1693. On lui doit, outre ses *Mémoires* pour Fouquet, qui sont le chef-d'œuvre du barreau français au XVIIe siècle, l'*Histoire de l'Académie française*, 2 vol. in-12, l'*Histoire de Louis XIV, de la mort de Mazarin à la paix de Nimègue* (1659-1678), 1749, 3 vol. in-12.

(4) Il fut décapité aux halles comme rebelle sous le règne de Charles VI : « Grande leçon, observe Loysel, du danger de la politique en temps de trouble. »

(5) Né en 1531, mort en 1591. On a de lui le recueil connu sous le nom de *Code Henri*, 1587, un grand nombre de traités de jurisprudence en latin, et le livre *De Regio Persarum principatu*. Il mourut pendu par les rebelles sous la Ligue.

tous Pierre de Cugnères (1), après eux Gerbier (2), Cochin (3), Loiseau de Mauléon (4), Linguet (5).........

Quels noms, Messieurs ! Je dis quels noms et quelle illustre phalange, et pourtant qui d'entre nous, je ne parle pas des profanes, qui d'entre nous les connaît? Où sont leurs œuvres et qui les lit ?

Dieu sait pourtant quel éclat de réputation jadis, de vogue et d'engouement même mondain, les jetait ces noms, aux quatre coins de Paris, à tous les vents de la renommée.

Rappellerai-je l'enthousiasme que soulevait l'éloquence de Gerbier et de Cochin, de Gerbier, qui, debout sur le champ de bataille, expire empoisonné, plaidant jusqu'au dernier souffle ? Dirai-je l'admiration excitée par les discours de Lemaître (6) qui, à peine âgé de trente ans, dit adieu au monde et se retire dans un cloître pour expirer

---

(1) V. ci-dessous, p. 37.

(2) Né à Rennes en 1725, mort à Paris en 1788. On l'avait surnommé l'*Aigle du barreau.*

(3) Né en 1687, mort en 1747. Ses œuvres ont été recueillies en 1751, 6 vol. in-8°, et publiées de nouveau par un de ses descendants, M. Cochin, avocat à la Cour de cassation, 1821-24. 8 vol. in-8°.

(4) Né en 1728, mort en 1771. On a publié ses plaidoyers (1760) et ses mémoires (1781).

(5) Né à Reims en 1736, périt sur l'échafaud en 1794. Ses ouvrages sont très nombreux ; il s'essaya dans tous les genres. Ses *Mémoires judiciaires* renferment ses plaidoyers, 7 vol. in-12.

(6) « Chaque fois qu'il devait plaider, ni prédicateurs, ni prédications ne tenaient. Les églises devenaient des déserts. Il fallut que, sagement prudents, les orateurs évangéliques s'entendissent avec leur confrère du barreau sur l'heure de ses plaidoyers pour changer celle du sermon. » (V. *Vieux Avocats, vieux procès*, par M. Munier-Jolain, avocat du barreau de Nancy. Paris, 1879.)

de la mort d'un Rancé après les austérités de la Trappe? Rappellerai-je Patru, le doyen de l'Académie, l'oracle de La Fontaine, le censeur de Boileau (1)? Voltaire en fait l'éloge dans son *Siècle de Louis XIV* et la Harpe dans son *Lycée*.

Raconterai-je Pélisson et son araignée chantée par Delille : qu'y a-t-il de plus touchant même chez les anciens?

Faut-il parler de ces admirables défenses en faveur du surintendant Fouquet et de cette amitié courageuse qu'il conserva, chose bien rare à toutes les époques, à un infortuné qui avait été puissant? Voltaire les compare aux plaidoyers de Cicéron et la Harpe y voit « ce que l'éloquence judiciaire a produit de plus beau dans le dernier siècle (2). »

Invoquerai-je enfin le témoignage de J.-J. Rousseau, qui déclare digne de Démosthène, l'éloquence de Loiseau de Mauléon (3)?

Pourquoi, Messieurs, l'oubli sur tous ces souvenirs, sur tous ces traits touchants? Nous avons tous appris par cœur au collège les plaidoyers de Cicéron et les discours

---

(1) C'est à lui qu'il faisait allusion en disant :

> Faites choix d'un censeur solide et salutaire,
> Que la raison conduise et le savoir éclaire.

(2) L'éloge de Pélisson est tout entier dans ces mots de Madame de Sévigné : « Il est bien laid, mais qu'on le dédouble et l'on trouvera une belle âme ! »

(3) « Je lui prédis, dit-il dans ses *Confessions*, que s'il se rendait sévère sur le choix des causes et qu'il ne fût jamais que le défenseur de la justice et de la vertu, son génie, élevé par ce sentiment sublime, égalerait celui des plus grands orateurs. Il a suivi mon conseil et il en a senti l'effet. Sa défense de M. de Portes est digne de Démosthène. »

de Démosthène ? Nous avons orné notre mémoire des monuments de l'éloquence grecque et latine. Avons-nous, je ne dirai pas étudié, pas lu, mais seulement parcouru, entendu parler même vaguement de ces maîtres de notre barreau français, de ces Cicérons, de ces Démosthènes des XVIIe et XVIIIe siècles, pour me servir des expressions de Voltaire et de Rousseau ? « Ne semble-t-il pas qu'à tous ces grands hommes il n'ait manqué que des noms en *us* et en *ès* et que pour avoir droit à nos respects il faille parler une langue morte depuis quinze cents ans (1) ? »

Petites gens ! petits procès !

Voilà pour nos grands hommes le panégyrique de l'histoire ! Voilà le diapason de l'admiration qu'ils ont excitée, eux et leurs œuvres, chez nos critiques littéraires ! Pour eux l'avocat d'autrefois c'est l'écolier limousin du *Pantagruel*, c'est l'avocat Patelin, c'est l'Intimé, qui dans les *Plaideurs* de Racine s'échauffe à propos d'un chapon : les procès d'autrefois, c'est ce foin de Chicaneau que peut manger une poule en un jour !

Laissons là, Messieurs, tous ces préjugés ; et, s'il le faut, prenons nous-mêmes la défense de nos gloires méconnues ; que les images de nos ancêtres restaurées par nos soins, sortent enfin de la poudre des greffes et des sacs à procès sous lesquels l'injuste dédain de la postérité les avait ensevelies : dans notre siècle, où l'on a l'amour de toutes les réhabilitations historiques, où sans médire du passé on cherche à le comprendre, que chacun de nous apporte sa pierre au temple de nos grandeurs domestiques.

---

(1) V. *Vieux Avocats, vieux procès.*

Permettez, Messieurs, à celui que vous avez appelé à l'honneur de parler devant vous, d'apporter sa modeste pierre à l'édifice qui déjà s'élève (1), elle ne sera ni bien taillée, ni sculptée avec art, c'est l'œuvre d'un novice pour qui la gloire de l'avoir entreprise sous vos auspices sera la plus belle récompense.

Je voudrais faire revivre devant vous un de nos ancêtres les plus illustres du barreau de Bourgogne, un des avocats les plus éloquents et les plus lettrés de notre ancien Parlement. J'ai nommé Charles Févret.

Il est digne à plus d'un titre de fixer notre attention ; littérateur autant que jurisconsulte, nous avons de lui des poésies latines, des discours d'apparat, des plaidoyers, des ouvrages de droit et de jurisprudence. Un de ses contemporains (2) l'appelle un génie d'éloquence. « Son *Traité de l'Abus*, dit Courtépée, entrepris à la prière du prince de Condé, et souvent réimprimé, portera le nom de ce célèbre jurisconsulte à la postérité la plus reculée. » Il était d'une droiture si grande et si éclairée, continue l'historien, que, semblable à Caton, personne n'osait le solliciter pour une injustice.

Mais avant tout Févret fut avocat, et durant plus de quarante années, dit un de ses biographes (3), la Province le

(1) V. en effet : l'ouvrage déjà cité de M. Munier-Jolain (Paris, 1879). Celui de M. Th. Froment : *Essai sur l'Histoire de l'éloquence judiciaire en France avant le* XVIIe *siècle* (Paris, Thorin, 1875) ; de M. Oscar de Vallée : *Antoine Lemaistre et ses contemporains* (Paris, 1876).

(2) V. le P. Berthaut, dans son *Orbandale*, p. 11.

(3) V. *Vie de Ch. Févret*, par l'abbé Papillon, dans la *Continuation des Mémoires de littérature et d'histoire*, par M. de Salengre, tome II, p. 132 (Paris, 1726).

regarda comme son arbitre, et il fut l'oracle de tous ceux qui avaient des doutes et des affaires : *perpetuusque in limine prætor.*

Et pourtant à l'époque où Févret excitait l'admiration de ses contemporains, il n'était pas facile de se faire un nom durable dans les lettres et dans l'éloquence et de laisser des œuvres dignes de passer à la postérité : on voyait, il est vrai, se lever déjà à l'horizon l'aurore du grand siècle, mais ce n'était encore qu'une lueur incertaine : notre langue française se formait à peine, elle n'avait point encore été épurée par le génie de ses grands écrivains. Févret fut un de leurs précurseurs, et ce n'est pas la moindre de ses gloires.

Charles Févret naquit à Semur le 16 décembre 1583. Il était l'aîné des enfants de Jacques Févret, conseiller au parlement de Bourgogne, et de Suzanne Guichard de Saulieu.

Sa famille, très ancienne dans la province, descendait de Charles Févret, licencié ès-lois, dont il est fait mention parmi les jurisconsultes du XIVe siècle. « Sur ses descendants, dit Courtépée, on remarque trois choses : ils ont presque tous cultivé les belles-lettres ; tous ont eu des femmes vertueuses ; aucun d'eux ne s'est marié deux fois, quoique plusieurs soient restés veufs et encore jeunes, tant ils aimaient leurs enfants. »

Ce goût pour la littérature que notre bon historien note comme un signe de race, fut en effet la passion dominante de Févret : les muses latines occupèrent tous ses loisirs ; c'est à elles que nous le verrons plus tard demander, après les longues heures de l'audience, un délassement à ses travaux, et une noble distraction dans sa vieillesse. Tout jeune il montra pour l'étude une ardeur qui ne se démentit jamais, et quand arrivé au déclin de sa vie il jette un regard sur les années de son enfance, il s'étend avec complaisance sur les premières leçons de ses maîtres, sur son goût naissant pour les muses : il nous fait assister à ses premiers essais littéraires (1).

C'est à Semur qu'il étudia les premiers éléments du grec et du latin : il eut pour maîtres, et c'est lui encore qui nous fournit ces renseignements, deux professeurs aujourd'hui bien inconnus, Crochard et Taschon (2). Févret, en disciple reconnaissant, eut soin d'ailleurs, avant de les livrer à la postérité, d'ajouter à leurs noms quelque peu barbares, une bonne désinence latine.

En 1595 son père fut pourvu d'une charge de conseiller au Parlement de Dijon, il y poursuivit ses études pendant trois années.

A cette époque les jésuites étaient déjà grands maîtres et dispensateurs de l'instruction publique en France : attiré par leur réputation de science et d'habileté, le conseiller Févret consentit à se séparer de son fils et l'envoya à Dôle, au collège de l'Arc.

---

(1) . . . . Transactis ferme puerilibus annis,
Incœpi docta Palladis arte regi,
Dumque mihi cupidam mentem bonus occupat ardor
Discendique æstu nocte dieque premor.
(*Carmen de Vita sua*).

(2) Ce dernier est complètement inconnu ; quant au premier, Claude Crochard, il en est fait mention dans l'ouvrage de L. Jacob : *De Claris Scriptoribus Cabilonensibus libri tres*, Paris, 1652, in-4°. On a de lui : *Harangue funèbre de Claude Bernard*, Paris, 1642-1643, in-8°.

Le père Antoine Millieu y enseignait la rhétorique : c'était un versificateur de mérite, il professait pour les muses latines un culte ardent (1). Son élève fut facile à le partager, je ne sais même pas si la passion du disciple ne fut pas plus vive encore que celle du maître : en tout cas elle fut durable. A soixante-quinze ans nous verrons Févret mettre la dernière main à l'histoire de sa vie et elle est en distiques latins. C'est encore avec une affectueuse émotion qu'il évoque le souvenir de son ancien maître, qu'il se rappelle sa sollicitude toute paternelle.

Millius ille mihi charus pietate paterna,
In me præ reliquis officiosus erat !

Un peu plus haut, songeant au Moyses Viator que le père Millieu avait fait naviguer sur la mer Rouge durant un long poème, il déclare que ses poésies étaient dignes d'Apollon :

Ipso vel dignos fundebat Apolline versus.

Enfin, c'est à lui qu'il rapporte tout ce qu'il a d'éloquence et de poésie :

Nam si quid versu, seu quidquam condere prose
Aggredior, genii dux fuit ille mei.

Bientôt il fallut quitter les sommets du Parnasse pour d'autres régions moins poétiques sans doute et plus froides, mais aussi plus utiles. Le choix d'une carrière, cette question aujourd'hui si terrible, n'embarrassait guère l'étu-

(1) Il est surtout connu par un long poème latin, intitulé *Moyses Viator*, imprimé à Lyon, 1636, in-12.

diant d'autrefois, le fils suivait la carrière que son père avait parcourue, il continuait le sillon tracé par ses ancêtres : fils d'un avocat, issu d'une famille où toutes les traditions le poussaient au barreau, le jeune Févret n'hésita pas. A seize ans il part pour Paris, et se met avec zèle à l'étude des Institutes et du Digeste. « Une louable curiosité le conduisit chez tous ceux qui avaient de la réputation dans la république des lettres, Bourbon (1), Criton (2), Galland (3), Morel (4), les Pithou (5), les frères de Sainte-Marthe (6), et surtout Mignaut (7). » Ce dernier était un compatriote, et il s'était fait un nom comme jurisconsulte et comme professeur. Févret s'y attacha, et c'est sous sa

(1) Peut-être Nicolas Bourbon, né en 1574, mort en 1644, professeur de rhétorique et oratorien, connu surtout par ses imprécations contre l'assassin de Henri IV : *Diræ in parricidam*.

(2) Georges Criton, Ecossais, professeur de langue grecque à Paris, au collège royal. Il mourut le 8 avril 1611.

(3) Auguste Galland, né en 1570. Il s'appliqua surtout à l'étude de l'histoire.

(4) Frédéric Morel, né en 1558, mort en 1630. Savant helléniste en même temps qu'imprimeur : il fut nommé en 1585 professeur d'éloquence au Collège de France ; ou bien est-ce son frère Claude Morel (1574-1626), connu par ses éditions des Pères de l'Eglise ?

(5) François Pithou, né à Troyes en 1543, mort en 1621. Il a laissé un *Glossaire* pour l'intelligence des capitulaires et a partagé les travaux philologiques de son frère Pierre Pithou.

(6) Scévole II et Louis de Sainte-Marthe, frères jumeaux, nés à Loudun en 1571, morts : le premier en 1650, le deuxième en 1656. Ils rédigèrent ensemble l'*Histoire généalogique de la Maison de France*, Paris, 1619 et 1647, 2 vol. in-fol., et le *Gallia christiana* (1656), 4 vol. in-fol.

(7) En latin, Minos (Claude), né à Talant vers 1536, mort en 1605, doyen des professeurs en droit canon, à Paris. (V. pour l'indication de ses nombreux ouvrages, la *Galerie bourguignonne* de MM. Charles Muteau et Joseph Garnier, Paris, 1859.

direction qu'il commença son droit (1). Mais bientôt la capitale elle-même semble ne pas suffire à son ardeur; en 1600 nous le trouvons successivement à Orléans et à Bourges allant demander à François Ragueau et à Antoine Bengy (2) le secret des lois et de la jurisprudence. En 1602, à peine âgé de 19 ans, il est reçu avocat au Parlement de Dijon. Toutefois son père ne lui permet point encore d'aborder la barre ; il redoute pour son âge les dangers d'une telle épreuve ; c'est armé de toutes pièces qu'il faut se présenter aux luttes du Forum, et pour notre jeune avocat l'heure des combats n'avait point encore sonné.

....Non poterant humeri....
Fortia inassueti tela movere Fori.

A cette époque, Denys Godefroy, l'un des plus grands

---

(1) Excepi Minoe legente, inscripserat olim
Quod cupidis legum Justinianus opus.
(*Carmen de Vita sua.*)

C'est dans le même poème que j'ai puisé les renseignements qui précèdent et ceux qui vont suivre, relatifs aux études juridiques de Févret.

(2) Antoine Beng ou Bengy, seigneur de Puy-Vallée, naquit à Bourges en 1569. A vingt-six ans il succéda, comme professeur, à l'illustre Cujas : il eut souvent jusqu'à deux mille écoliers. Il mourut en 1616. Il avait composé un *Traité des Bénéfices* qui fut achevé et publié en 1659, à Paris, in-fol., par son petit-fils François Pinsson, avocat au Parlement de Paris. Quant à Ragueau, né à Mehun-en-Berry, il est connu par son *Indice des droits royaux et seigneuriaux, des plus notables dictions, termes et phrases de l'Etat et de la justice et pratique de France ; recueilli des loix, coustumes, ordonnances, arrêts, annales et histoire du royaume de France et d'ailleurs*. Paris, 1583, in-fol. Il publia en outre un *Glossaire du Droit français* et un *Commentaire sur les Coustumes générales du pays et duché de Berry*. En 1584 il fut appelé en qualité de professeur et lecteur à la faculté de droit à l'université de Bourges. Il mourut en 1605.

romanistes du XVIe siècle, réunissait autour de sa chaire l'élite de la jeunesse, sa renommée était parvenue aux oreilles de Févret (1). Plein du désir de voir et d'entendre un tel maître, il vole à Strasbourg : à peine a-t-il assisté à une de ses leçons que son enthousiasme ne connaît plus de borne : il se précipite chez le savant professeur, lui exprime avec feu son respect, l'admiration que sa science excite chez lui, et le supplie de lui permettre de venir habiter sous le même toit. C'est plus qu'un culte, c'est une passion qui va désormais l'attacher à cet homme qu'à ses yeux la science a en quelque sorte divinisé. Dans le langage imagé de l'époque, Godefroy lui apparaît comme l'oracle de Thémis, et sa demeure est le temple de la déesse. Le maître, habitué sans doute à cet enthousiasme juvénile, lui répondit assez prosaïquement que sa maison était trop étroite et que c'était à peine s'il pouvait s'y loger, lui et ses enfants.

Févret n'était pas homme à se décourager pour si peu. Dans cette pièce si curieuse et si originale que j'ai déjà citée bien des fois, le *Carmen de Vita sua,* il s'étend avec complaisance sur son séjour à Strasbourg, sur ses visites journalières chez Godefroy, sur ses promenades, ses entretiens, ses conférences avec lui : quand après deux ans il fallut le quitter, il lui semble, tant les jours se sont écoulés rapidement, que son arrivée date d'hier (2).

---

(1) Forte Godofredi nostras pulsaverat aures
Nomen quo nullum notius orbe fuit.
(*Carmen de Vita sua.*)

(2) Nec dolui tardos longius ire dies.
(*Carmen de Vita sua.*)

Et pourtant à son retour à Dijon, son père lui promettait comme dernier complément de son éducation, un voyage bien fait pour enflammer sa jeune imagination. Génébrard, archevêque d'Aix et prieur de N.-D. de Semur, qui jouissait alors d'une certaine réputation parmi les gens de lettres, était intime ami de Jacques Févret et lui avait demandé Charles son fils pour l'accompagner dans un voyage à Rome. La demande avait été accueillie et tout était prêt pour le départ. Au jour fixé, le jeune Févret se rend chez l'archevêque : le prélat n'était point encore éveillé : ses domestiques vont le prévenir, ils entrent dans sa chambre, et voient leur maître renversé sur son lit, ils s'approchent, on s'empresse, mais tout fut inutile, le prélat était mort subitement dans la nuit.

Ce triste événement fit une telle impression sur l'esprit de son fils, que le conseiller Févret, dans le désir de le distraire, l'envoya rejoindre à Metz un autre de ses amis, l'écrivain Bougars. Il l'accompagna, en 1602, dans son voyage d'Allemagne où le roi Henri IV l'envoyait en qualité de résident de la France auprès des électeurs et princes de l'Empire. Il sut encore en profiter pour son instruction, et la plus grande partie du temps de son séjour à Heidelberg fut consacrée à la visite de la fameuse bibliothèque Palatine aujourd'hui fondue dans la bibliothèque du Vatican. Je me représente quelle eut été la joie de Févret, alors âgé de vingt-un ans à peine, avec cette passion pour la science que nous lui connaissons, s'il lui avait été donné de mettre la main sur ces précieux fragments (1) dont la découverte

(1) Les *Fragmenta Vaticana*, découverts en 1823.

dans la même bibliothèque valut, deux siècles après, le chapeau de cardinal à l'abbé Maï.

Mais il était temps pour notre jeune avocat de venir prendre rang parmi ses confrères du barreau de Bourgogne : le temps des épreuves était passé, il fallait entrer en lice et se mêler aux combattants. Agé de vingt-deux ans, en 1605, il plaide sa première cause.

La modestie du poète ne l'empêche pas de nous marquer dans le *Poème de sa vie* que cette première action fut glorieuse pour lui. « Les acclamations, dit son biographe (1), » retentirent par toute la ville. Le beau sexe y eut » part. On offrit des partis considérables au jeune et » éloquent orateur : enfin il fallut choisir une épouse. Y » a-t-il dans la vie une affaire plus importante ! Févret » fut heureux dans son choix. Le 29 de janvier 1608, il » épousa Anne Brunet (2) et goûta avec elle pendant » vingt-neuf années tous les agréments d'un bon mariage. » Elle mourut le 13 juillet 1637. Après sa mort, Févret » fit couper le lit conjugal par la moitié, donnant par là » à entendre, continue toujours l'historien, qu'il ne vou» lait plus le partager avec personne. » Il avait eu d'elle dix-neuf enfants et à sa mort il lui en restait quatorze.

Mais revenons à l'orateur. Févret, durant sa longue carrière, a eu le singulier privilège d'être mêlé à tous les grands événements de sa cité, et de faire partie d'un centre littéraire qui n'avait alors rien à envier à la capitale. Dans notre province de Bourgogne les lettres ont toujours

---

(1) L'abbé Papillon, op. cit.

(2) Le contrat de mariage est du 17 novembre 1607.

eu de fidèles disciples ; et on se souvient encore aujourd'hui de cette vieille société dijonnaise des XVIIe et XVIIIe siècles, si littéraire, si polie : on se souvient de nos vieux parlementaires, dont tous les loisirs étaient consacrés au culte des lettres et des arts. Ils se suffisaient à eux-mêmes, ils formaient entre eux une sorte de cénacle où les plus jeunes venaient se former à l'école du bon goût et de la saine critique.

Messieurs, ces traditions n'ont point tout à fait disparu ; en tout cas, c'est un souvenir, et un souvenir qui doit nous être cher.

Cet esprit de notre ancienne société bourguignonne nous explique l'enthousiasme qui accueillit le premier plaidoyer de Févret : on se sentait solidaire, on voulait encourager, et l'éloge est toujours un puissant stimulant : en réalité c'était un début dont la valeur intrinsèque n'était sans doute guère au-dessus du médiocre.

D'ailleurs il faut à l'éloquence une cause qui l'élève, à l'orateur quelque chose qui le grandisse. La cause se présenta, Févret fut à sa hauteur.

Le 2 juin 1625, il présentait au Parlement les lettres de grâce d'Hélène Gillet. Suivant la coutume de l'époque, il prononça un discours pour en demander l'entérinement : c'est son triomphe oratoire. Voici les circonstances de l'affaire : j'en emprunte le récit aux documents de l'époque (1). Vous en reconnaîtrez le style.

---

(1) V. sur cette histoire fort curieuse d'Hélène Gillet : *Anciens registres des délibérations de la mairie de Dijon*, année 1625. — *Mercure français*, t. XI, p. 526. — *Manuscrit relatif à l'histoire de la Chambre des comptes*

« Au mois d'octobre 1624, une jeune demoiselle, fille du châtelain de Bourg-en-Bresse, nommée Hélène Gillet (1), fut accusée d'avoir fait mourir son enfant.

» Le 6 février 1625 il y a sentence au présidial de Bourg, par laquelle elle fut condamnée à avoir la tête tranchée. Elle appelle de cette sentence au Parlement de Dijon avec espérance de monstrer, à ce qu'elle disait, son innocence à Messieurs du Parlement. Vain espoir ! Le lundi 12 mai, qui était la dernière entrée de Messieurs, avant la levée de la Pentecôte, la sentence fut confirmée, et de plus elle porta que la condamnée serait conduite au supplice, la hart au col, ce qui fut remarqué être contre les formes ordinaires.

» L'exécution fut commencée de suite. Il était trois heures et demie environ, lorsque Hélène Gillet fut menée au Morimont pour être exécutée ; elle était assistée de deux jésuites et de deux capucins. Le bourreau, nommé Simon Grandjean, s'était communié le matin dans la prison ; arrivé à l'échaffaut, il tremble, s'excuse au peuple sur une fièvre qui le tenait depuis trois mois, le prie de lui pardonner où il manquerait à son devoir.

» Enfin ce bourreau hausse le coutelas: il se fait une huée du peuple : les jésuites et les capucins criaient *Jesus*

---

de Dijon. — *Journal chronologique* du P. de Saint-Romuald, p. 258 de la vie de Messire de Pourlan, par le P. Bourrée. — *Histoire d'Hélène Gillet*, par un ancien avocat. Dijon, 1829.

(1) La famille Gillet était de noblesse de robe et fort bien alliée, entre autres, à la famille des Favre de Savoie. La branche aînée, à laquelle appartenait le père d'Hélène Gillet, portait : *d'azur à une croix patriarcale pattée et alaisée d'argent, le pied fiché dans un cœur de gueules*. (V. *Nobiliaire de Bresse et Bugey*, de M. Révérend du Mesnil.

Maria ! La patiente se doute du coup, porte les mains à son bandeau, découvre le coutelas, frisonne, puis se remet en même assiette qu'auparavant. Le bourreau, qui n'entendait pas son métier, lui pensant trancher le col, porte le coup dans l'espaule gauche. La patiente tombe sur le côté droit. Le bourreau quitte son épée, se présente au peuple et demande de mourir. Le peuple s'esmeut, les pierres volent de tous costés ; la femme du bourreau, qui assistait son mari, releva la patiente qui en même temps marcha d'elle-même vers le poteau, se remit à genoux et tendit de rechef le col. Le bourreau éperdu reprend le coutelas de la main de sa femme, et décharge un coup sur la tête de la patiente, glissant au col dans lequel il entra d'un travers du doigt, duquel coup elle serait encore tombée. Ce qui augmenta la colère du peuple plus fort qu'auparavant. Le bourreau se sauve en la chapelle qui est au bas de l'échaffaut, les jésuites après, puis les capucins. La femme du bourreau demeure seule avec la patiente, qui était tombée sur le coutelas duquel assurément la bourelle se fut servie si elle l'eust vue. Elle prit la corde avec laquelle la patiente avait été menée, et la lui mit au col. La patiente se défend et jette ses mains sur la corde : cette femme lui donne des coups de pied sur l'estomac, sur les mains et la secoue cinq ou six fois pour l'étrangler ; puis se sentant frappée à coups de pierre, elle tire ce corps demi-mort, la corde au col, la tête devant, à bas de la montée de l'échaffaut.

» Comme elle fut au-dessous, proche des degrés qui sont de pierre, elle prend des ciseaux qu'elle avait apportés pour couper les cheveux à la condamnée. Avec ces ciseaux qui étaient longs de demi-pied, elle lui veut couper la gorge ;

comme elle n'en peut venir à bout, elle les lui ficha en divers endroits.

» Cependant le bourreau, qui était à genoux dans la chapelle, recevait force coups de pierres qu'on lui jetait. Les bouchers et les maçons voulaient rompre la porte.

» Deux de ceux qui entrèrent les premiers au bas de l'échaffaut, trouvèrent la femme du bourreau acharnée sur cette pauvre fille, ils la lui arrachent des mains, lui ôtent la corde du col et la chargent sur leurs bras. Elle était altérée de la frayeur qu'elle avait eue de la mort et des coups qu'elle avait reçus. Elle demande à boire, on lui en baille; elle but et puis s'arrêtant pour reprendre ses esprits, elle dit : *Je savais bien que Dieu m'assisterait.* »

» De là, elle fut portée au logis d'un chirurgien nommé Jacquin, qui demanda permission de la panser. Cependant qu'on la pensait, elle demanda si elle n'aurait point d'autre mal que celui-là ? On lui dit qu'elle prît courage, que Dieu et ses juges prendraient son parti, que pendant 15 jours de vacation qui allaient être au palais à cause de la feste, elle aurait le loisir d'envoyer au Roi et qu'assurément Sa Majesté lui donnerait son absolution.

» Cette espérance ne fut pas déçue. La pitié et la piété de quelques personnes de qualité, qui eurent compassion de cette misérable, envoyèrent en cour pour obtenir sa grâce, laquelle Sa Majesté lui octroya en faveur du mariage de sa sœur la Reine de la Grande-Bretagne.

» Ces lettres de rémission ne tardèrent pas à arriver à Dijon, et le lundi, second jour de juin 1625, maître Charles Févret, en les présentant au Parlement, prononça le discours suivant :

» Messieurs,

» Hélène Gillet, qui se présente au conspect de la Cour, » donne de l'estonnement à ceux qui la voient et n'en a pas » moins elle-même. Elle n'avait veu la justice de céans » que dans le throsne de sa plus sévère majesté ; elle ne » l'avait apperçue que le visage plain de courroux et » d'indignation, tel qu'elle fait paraître aux plus criminels, » elle ne l'avait considérée que l'espée à la main, dont elle » se sert pour la punition de maléfices.

» Mais, chose estrange, elle trouve aujourd'hui ce pre- » mier appareil tout changé ; il luy semble que le visage » de cette déesse lui rit comme plus adoucy et favorable ; » elle voit sa main désarmée, et vous diriez qu'elle tend » les bras pour promettre quelque asyle et protection à » celle qui de criminelle est devenue suppliante.

» Vous vistes, Messieurs, ceste pauvre fille, il y a quel- » ques jours, le visage couvert de honte par l'ignominie » de sa condamnation, la langue nouée par l'estonnement » du supplice, les yeux ternes d'horreur et d'espouvente- » ment, l'esprit troublé dans les dernières agitations » d'une funeste séparation. Vous la vistes, dis-je, aller » courageusement à la mort pour satisfaire à votre jus- » tice ; maintenant elle retourne à vous pour vous dire » que le lieu du supplice où les criminels perdent la vie, l'a » absoute et sauvée. Elle parait devant vos yeux pour vous » dire que l'ayant traictée par la rigueur de vos juge- » ments, vous ne pouvez plus lui refuser votre miséri- » corde. »

Plus loin, l'orateur, après avoir rappelé quelques exemples de l'antiquité et sacrifié ainsi au goût de l'époque, s'écrie :

« Quel prodige en nos jours qu'une fille en cet aage » ait colleté la mort corps à corps, qu'elle ait luitté avec » ceste puissance géante dans le parc de ses plus sanglantes » exécutions, dans le champ mesme de son Morimont! Et » pour dire en peu de mots, qu'armée de la seule con- » fiance qu'elle avait en Dieu, elle ait surmonté l'igno- » minie, la peur, l'exécuteur, le glaive, la corde, le cizeau, » l'estouffement et la mort mesme!

» Après ce funeste trophée que lui reste-il, sinon » d'entonner glorieusement ce cantique qu'elle prendra » doresnavant à sa part : *Exaltetur Dominus Deus meus,* » *quoniam superexaltavit misericordia judicium!* »

Voilà, Messieurs, le chef-d'œuvre de Févret : au temps où il a été prononcé, ce discours a passé pour un modèle d'éloquence, et je crois ne pas trop m'avancer en pensant que la critique d'aujourd'hui y trouverait encore çà et là un peu de ce souffle inspiré qui caractérise l'orateur : il y a là de la vie, du mouvement, de la chaleur, quelque chose qui élève l'âme et remue le cœur. Et si vous songez, Messieurs, que nous sommes au commencement du XVIIe siècle, vous ne pourrez vous empêcher de reconnaître combien ce discours est supérieur et pour le fond et pour la forme aux œuvres des contemporains de Févret. Lisez les harangues de l'époque, le style en est pédantesque, boursouflé, ridicule : dans quelques-unes les dieux et demi-dieux de la fable, les héros de l'histoire, les personnages de tous les temps et de tous les pays s'y donnent encore rendez-vous : Jupiter et Cérès y siègent à côté de Jésus-Christ ; Plutarque s'y rencontre avec saint Jean Chrysostôme ; Darius avec saint Louis ; Lucine avec la sainte Vierge : et dans cet amalgame hétérogène, au sein de ce fatras de citations bizarres et disparates, vous savez combien il est difficile de saisir la pensée qui se dérobe et le sens qui échappe.

Il est vrai, Messieurs, que j'ai dû choisir dans le discours de Févret ces passages où il réussit non seulement à éviter les défauts qui sont comme la marque particulière de son temps, mais où l'on sent vibrer les accents d'une éloquence véritablement émue. Ailleurs vous l'auriez vu céder au goût dépravé de son époque, vous l'auriez entendu comparer le garde des sceaux Etienne d'Aligre au « sage Orphée qui de sa main empoigne sa lyre pour » charmer la dureté des Parques et raviver ceste infortu- » née Euridice. »

Malgré ces quelques taches qui la déparent, la harangue en faveur d'Hélène Gillet marque un pas en avant, une réforme profonde va s'opérer, tout annonce le grand siècle, et Févret est un des précurseurs de son compatriote, Bossuet.

Mais, hélas ! notre orateur avait ainsi atteint la limite de ses forces, il était parvenu à l'âge où l'on ne fait plus guère de progrès, le siècle va marcher, il sera impuissant à le suivre, et quand cinq ans après nous allons le trouver en face de Louis XIII irrité par la sédition du Lanturelu, il semblera accablé sous le poids de sa tâche : suppliant, à genoux aux pieds du monarque, il demande grâce pour ses concitoyens : mais ce n'est plus que l'écho affaibli de lui-même, sa voix manque de dignité, rien n'est émouvant dans ses accents. Et cette pénible impression est d'autant plus vive, que la réponse du chancelier de Marillac, parlant au nom du roi, est plus ferme et plus éloquente. Vous allez juger l'une et l'autre. Mais auparavant je dois vous dire quelques mots de la sédition du Lanturelu (1) qui fut l'occasion de ces deux discours.

Au XVIIe siècle la Bourgogne était un pays d'Etats : tandis que dans la plus grande partie du royaume, des élus, c'est-à-dire des officiers royaux, répartissaient dans des circonscriptions bien déterminées, le contingent d'impôt arrêté en conseil d'Etat, qu'ils le percevaient et qu'ils connaissaient de toutes causes qui en pouvaient naître, le roi, dans les pays d'Etats, était obligé de débattre contradictoirement ce contingent avec l'assemblée provinciale qui non-seulement le votait, mais en faisait faire la répartition par ses propres élus qui le percevaient et connaissaient des causes absolument comme les élus du roi, mais sans aggravation de charges pour les contribuables.

Depuis longtemps la royauté tendait à soumettre toute la

---

(1) V. sur cet intéressant épisode de notre histoire locale : *Mercure Français*, 1630, t. XVI, p. 152. — *De la Sédition arrivée en la ville de Dijon le 28 février 1630 et jugement rendu par le roi sur icelle*, Lyon, in-8°, 1630. — *Trésor des Harangues*, Paris, in-4°, 1654, p. 191, et in-12, 1668, p. 316. — *Correspondance de la mairie de Dijon, extraite des archives de cette ville*, publiée pour la première fois par Joseph Garnier, conservateur des archives au département de la Côte-d'Or, t. III, p. LVIII. — C'est surtout dans ce dernier ouvrage que j'ai puisé les documents dont je présente ici l'analyse.

France au même régime fiscal et à supprimer les Etats. Louis XIII voulut étendre cette politique à la Bourgogne et par un décret de juin 1629 il la partage en dix élections. C'était pour les contribuables une aggravation de 250,000 livres de frais pour un service qui, resté entre les mains des Etats, était à peu près gratuit : c'était enfin une violation flagrante du pacte qui liait la Bourgogne à la France.

Cette nouvelle excite à Dijon une vive émotion : tout le monde se prépare à la résistance, et les Etats, principalement atteints par le nouvel édit, se mettent à la tête du mouvement. Le procureur-syndic de la province est expédié en toute hâte à Beaune où siégeait la Cour des comptes : on la supposait, et avec raison, gagnée au parti du roi ; on en obtint néanmoins la promesse de surseoir à l'enregistrement de l'édit. En même temps des délégués étaient envoyés à Paris afin d'en demander le retrait au roi et au besoin d'en opérer le rachat.

Les négociations traînèrent en longeur, et les alternatives de crainte et d'espoir par lesquelles passaient les esprits à la réception des missives de Paris entretenaient dans la province une fermentation sourde qui s'accentuait davantage. Bientôt tous les citoyens, depuis le vigneron jusqu'au parlementaire, semblèrent mus par cette seule pensée : de ne point tolérer sans protestation une atteinte aussi violente aux franchises du pays.

Ce fut bien pis quand on apprit que le roi avait définitivement rejeté les propositions des Etats. Mais l'émotion publique fut à son comble à la nouvelle qu'outre les élections, on allait encore introduire les aides, c'est-à-dire ces impôts sur le vin toujours odieux dans les pays vignobles.

Telle était la situation des esprits lorsque dans la journée du mercredi 27 février, sur le bruit que la Chambre des comptes avait fixé au lendemain l'enregistrement de l'édit, les vignerons résolurent de se faire justice.

Dans la soirée, une bande sortie de la rue Saint-Philibert fit irruption dans le quartier de l'hôtel de ville. Elle s'avançait en bon ordre, à la lueur des torches, ayant à sa tête un grand vigneron, Anathoire Changenet, ancien goujat d'armée, surnommé le roi Machas. Cette troupe, qui chantait à tue-tête le refrain vif et saccadé d'un vaudeville alors en vogue et qu'on appelait *Lanturelu,* se dirigea sur la rue Vannerie, où demeurait Nicolas Gagne, connu pour un des plus ardents promoteurs de l'édit, et assaillit à coups de pierre la porte de sa maison en proférant des menaces de mort et d'incendie. Même scène chez le président de la Chambre des comptes.

Le lendemain dès l'aube, les *tumultuans,* encouragés par la nonchalance des autorités, recommencèrent leurs exploits. Ils envahissent la maison du trésorier de France, brisent portes, fenêtres, cloisons, démolissent la toiture et livrent le reste à l'incendie. Plusieurs magistrats furent les victimes de ces scènes sauvages qui durèrent plusieurs jours. Bientôt ce fut une véritable sédition et le cri de *vive l'Empereur !* fut le signe de ralliement.

Les autorités se décidèrent enfin à agir vigoureusement. Le marquis de Mirebeau, commandant militaire, réunit aussitôt deux mille hommes et la lutte commença : ce fut alors une bataille corps à corps dans les rues : les insurgés se battirent avec acharnement et la paix ne fut rétablie qu'à grand'peine.

Mais si le péril était conjuré du côté du populaire, il n'en subsistait pas moins tout entier vis-à-vis d'un monarque qu'on savait ombrageux, jaloux de son autorité, et d'un caractère porté plutôt à la dureté qu'à la mansuétude. D'ailleurs l'importance de la sédition avait été grossie à plaisir, et un moment, disent les mémoires du temps, elle avait fait pâlir les nouvelles du théâtre de la guerre d'Italie.

Aussi Louis XIII, confondant dans sa colère les auteurs de la révolte et les habitants qui n'avaient pas eu le courage de la prévenir, déclarait la ville déchue de ses privilèges, ordonnait que ses murailles seraient abattues et ses cloches dépendues.

Il fallait aviser. Une première députation fut envoyée au roi : l'avocat Jacques Févret, le frère de Charles Févret, essaya de fléchir son courroux : mais il ne put rien obtenir de précis. Sa Majesté lui annonça son départ pour l'Italie et son dessein de s'arrêter à Dijon : elle voulait voir et juger par elle-même.

Le 27 avril Louis XIII arrivait à Dijon et exigeait que cent cinquante habitants et plus se présentassent devant lui pour lui demander pardon. Charles Févret, conseil de la ville, se chargea de porter la parole.

L'audience eut lieu dans la grande salle de l'ancien Palais des Ducs : au fond, sur une estrade surmontée d'un dais et élevée de trois degrés, se tenait le roi assis sur une chaise de velours cramoisi, au dossier de laquelle s'appuyait le garde des sceaux Marillac ; les ministres, les seigneurs de la Cour, tout le conseil entouraient ce trône.

Sur l'ordre du roi, on introduisit les suppliants qui s'agenouillèrent au pied de l'estrade. Puis Charles Févret prit la parole :

« Sire, commença-t-il, nos esprits sont saisis d'un tel » estonnement, qu'à peine trouvons-nous en nous-mesmes » l'usage de la raison, et nos langues à demy-muettes sem- » blent nous dénier l'exercice et les fonctions de la parole.

» Tout ce que nous apercevons de l'œil intérieur de la » pensée se réduit au triste objet de nos misères, et de » quelque costé que se transporte notre imagination, elle » trouve toujours le penchant d'un effroyable précipice. »

Après cet exorde, il montre la ville, dont le lustre ravissait d'admiration les autres villes, devenue comme une médaille effacée, comme un corps tronqué et mutilé par une sédition excitée par de misérables inconnus. Il fait appel à la clémence royale même en faveur des coupables, et termine ainsi son discours :

» La grâce que recevront ceux qui se sont engagés dans » le crime, animera d'autre part nos esprits, renforcera » nos courages et excitera l'ardeur de nos affections en » telle sorte que Votre Majesté se peut assurer que nous » vivrons et nous mourrons dans une inviolable fidélité » et comme ses très humbles, très fidèles et très obéissants » sujets et serviteurs. »

Vous pourrez lire, Messieurs, dans les biographies de Févret (1), qu'à ce discours le roi, profondément ému, ne

(1) V. l'abbé Papillon, op. cit. — *Mémoires pour servir à l'histoire des hommes illustres dans la république des lettres*, t. II, p. 289, Paris, 1737.

put retenir ses larmes et accorda sur-le-champ le pardon. C'est là, pour ne rien dire de plus, l'illusion d'un panégyriste qui fait passer l'éloge avant la vérité historique. Le roi pardonna, mais à de telles conditions que sa clémence put paraître une cruelle vengeance. Voici d'ailleurs sa réponse, elle est pleine de raideur :

» La faute que vous avez commise, dit-il, est très grande, mais je n'ay pas voulu exercer toutes les rigueurs qu'elle méritait. Monsieur le garde des sceaux vous dira ma résolution. »

Alors Marillac prend la parole : il discourt longuement sur l'obéissance passive que les sujets doivent au souverain, et rappelle la punition infligée à toutes les villes du royaume qui s'étaient révoltées. Mais où son discours devient vraiment remarquable par la netteté des idées et la justesse des expressions, c'est quand il prend les magistrats à partie et fait tomber sur eux toute la responsabilité de la sédition :

» Vous avez veu venir le mal et y avez peu pourvoir, et ne l'ayant pas fait, vous êtes coupables de ce qui est arrivé.

» Vous n'estes pas aux charges publiques pour recevoir des révérences et des salutations de vos concitoyens et jouir des exemptions. Vous y estes pour garder vos concitoyens, mesme au péril de vos vies, et quand vous ne pourriez empescher le mal qu'en vous exposant au péril, vous estes coulpables si vous ne le faictes.

» Vous dites que le mal a esté faict par des gens de

néant et qui n'ont rien à perdre, et vous pensez trouver en cela quelque excuse, mais c'est ce qui rend votre faute plus griéfve, car vous avez veu leur faiblesse. Et quand vous vous estes avisés (quoique bien tard), vous avez, avec la volonté, trouvé le pouvoir que vous eussiez trouvé plustost, si vous l'eussiez voulu, c'est ce qui augmente la griefveté du mal. »

J'aurais presque terminé ma tâche, Messieurs, si je n'avais encore à faire mention de deux discours de Févret, et à vous entretenir quelques instants de ses autres ouvrages et surtout de son fameux *Traité de l'Abus*.

En 1636, nous retrouvons Févret à la barre du Parlement : il va attacher son nom à l'un des événements, sinon les plus grands, du moins les plus beaux de son siècle, à l'héroïque défense de Saint-Jean-de-Losne.

En 1636, le général Gallas investit cette petite ville avec une armée de 80,000 hommes. Les habitants, aidés par 150 soldats, se défendirent vaillamment. Le canon ennemi venait d'ouvrir une large brèche aux mauvais remparts, et Gallas espérait que les assiégés allaient se rendre. Loin de là, les échevins prennent une résolution à jamais mémorable (1) et jurent de combattre jusqu'à la mort. « Même sont résolus, au cas que par malheur ils vinssent à être forcés, de mettre le feu chacun en leur maison, et aux poudres et munitions de guerre étant en la maison de ville, afin que les ennemis n'en reçoivent aucun avantage, et ensuite de ce mourir

(1) V. le texte de cette belle résolution dans le *Voyage littéraire* du P. Martène, p. 196 et suiv.

tous l'épée à la main! » Gallas fut obligé de lever le siége honteusement le 2 novembre 1636. La résistance de Saint-Jean-de-Losne avait sauvé Paris.

Le roi voulut reconnaître dignement un si grand service, et par lettres d'immunité d'octobre 1636, adressées aux habitants de Saint-Jean-de-Losne, il les affranchit de toutes tailles, subsides et impositions.

Févret fut chargé de les présenter au Parlement. Son discours ne manque ni de dignité ni d'enthousiasme : quelquefois il s'élève à une véritable éloquence. Après avoir raconté les péripéties du siège et des combats, la résolution héroïque des habitants, la fuite de Gallas, il s'écrie :
» Ouy, Messieurs, Saint-Jean-de-Losne sera le glorieux
» trophée de nos victoires, le monument perdurable de la
» fidélité, l'exemple incomparable de la fermeté, l'objet
» immortel de l'estime, de la vénération et de l'amour
» de nos rois et des peuples français. Cette action géné-
» reuse est tellement signalée, qu'elle rejette tous les
» ornements de la rhétorique et les figures empruntées
» dont on pourrait se servir pour la faire valoir. Elle ne
» veut que sa splendeur naturelle, pour éblouir toute la
» chrétienté de sa grandeur et de sa générosité.......

» La postérité verra dans le récit de nos annales, qu'au
» même temps que la Capelle, le Catelet et Corbie, par la
» lacheté des gouverneurs de ces places et l'infidélité de
» leurs habitants, ouvraient leurs portes à nos ennemis
» dans la Picardie, au même temps Saint-Jean-de-Losne,
» cette petite mais illustre Carthage de notre siècle et de
» notre Bourgogne, a non seulement soutenu les efforts de
» l'aigle romain, mais lui a coupé ses ailes, abattu ses

» trophées et prosterné les forces de l'empire. N'est-il pas » aussi bien raisonnable, Messieurs, que les registres » publics de cette souveraine Cour soient revêtus des titres » honorables et glorieuses marques du salaire public que » ce signalé service a mérité de toute la France? »

Je ne vous dirai qu'un mot, Messieurs, et pour mémoire, du dernier discours que prononça Févret. C'était pour la présentation au Parlement des lettres du gouvernement de Bourgogne et Bresse, expédiées en faveur du prince de Condé en 1660. C'est de beaucoup la plus faible de ses harangues : ce n'est qu'un tissu indigeste de citations des auteurs de tous les temps et de tous les lieux, un amas confus d'éloges et de louanges dont le seul mérite est la banalité.

Mais n'oublions pas que l'orateur avait soixante-seize ans : c'est assurément une belle excuse et lui-même a soin de nous la présenter. « Ayant quitté l'action publique » pour me réduire dans la retraite d'une étude privée et » domestique ; ayant quitté dès longtemps la solennité des » audiences pour embrasser un silence plus étroit que » celuy qu'observaient les disciples de Pytagore...... je » sens et prévois bien aussi, que les années m'ont beau- » coup osté de la force du corps, de la fermeté du poul- » mon, de la vigeur de l'esprit, de la facilité d'une agréable » expression ; surtout que le beau feu me manque, d'une » forte et vigoureuse action, qui seule anime le discours, » donne la grâce, et met la palme à la main, à quiconque » entreprend avec elle de se produire et de parler en » public. »

La vieillesse de Févret ne fut point pourtant aussi faible

qu'il semble le dire, il outre un peu la précaution oratoire, car dans le *Poème de sa vie,* écrit dans cette même année 1660, il se félicite « de ne rien ressentir qui marquât son » âge, fluxion, pituite, pesanteur, goute, toutes choses » qu'heureusement il n'a point éprouvées : point de lunettes » pour les caractères les plus embarrassés d'un chica- » neur. » En 1654, âgé de soixante-douze ans, il se vante d'avoir plaidé trois heures de suite avec une ardeur et une présence d'esprit toute juvénile (1).

Cette verte vieillesse ne fut pas inféconde : je ne vous parlerai pas de ses nombreux poèmes latins, c'était le goût de l'époque, ce fut la passion dominante de Févret : il en a fait sur tous les sujets : odes à sainte Thérèse, distiques à la louange de Naudée, poèmes burlesques, traduction latine des quatrains de Pibrac, distiques sur ses armoiries. N'a-t-il pas écrit lui-même sa vie en vers latins ? Au reste il écrivait le latin avec une pureté remarquable, et l'on peut encore citer aujourd'hui comme un modèle de style et d'élégance toute cicéronienne son *De Claris Fori burgundici oratoribus Dialogus :* c'est une imitation très heureuse du *Brutus* de l'orateur romain.

Mais l'œuvre capitale de Févret, celle qui lui donne rang parmi les grands jurisconsultes du XVIIe siècle : c'est son *Traité de l'Abus,* le premier qui ait été fait sur cette matière si difficile et si compliquée dans notre ancien droit. C'est avant tout un ouvrage de profonde érudition et

---

(1) . . . . . Duxi juvenili pectore causam
Horis pene tribus, solo spectante senatu.
Longius orantem nec me mens ipsa fefellit,
Sed præsens et prompta dedit quæcumque rogavi.
(*Poésie adressée à M. de la Marre en 1654*)

de grande expérience pratique, mais c'est aussi, grâce aux circonstances au milieu desquelles il parut, une œuvre de polémique assez accentuée.

Le gouvernement de Louis XIII, aussi bien que celui du grand roi, son successeur, n'était pas précisément le règne de la déesse Liberté. « La politique soigneusement renfermée dans le saint des saints, maintenait dans une nuit profonde la race des réformateurs, des idéologues et des grands hommes d'Etat méconnus. Un avocat lui-même se fût donné bien des ennuis s'il eût voulu sortir de ses sacs à procès. Seulement, s'il était absolument interdit aux sujets du roi très chrétien de politiquer un peu pour l'entretien de leur santé : ils se rattrapaient à loisir sur les matières religieuses (1). »

Catholiques, docteurs en Sorbonne et pasteurs protestants se livraient des assauts acharnés, en attendant que les jansénistes, les disciples de saint Augustin, les molinistes, les quiétistes vinssent comme à tour de rôle, remplacer les derniers combattants.

Mais en 1654, date de la première édition du *Traité de l'Abus*, la lutte était engagée sur une question sérieuse en elle-même et grave par ses conséquences : c'était l'éternelle guerre du sacerdoce et de l'empire, de l'Eglise et de l'Etat, du spirituel et du temporel : c'était l'interminable controverse sur les droits de la papauté vis-à-vis de la puissance séculière, c'étaient ces discussions sans fins sur les libertés de l'Eglise gallicane. La lutte avait commencé à Grégoire VII, elle aboutit à la célèbre déclaration de 1682 :

(1) V. M. Munier-Jolain, op. cit.

c'était une déclaration de guerre, et aujourd'hui encore le traité de paix n'est point signé.

Févret va entrer en lice, et l'Eglise gallicane trouvera en lui un puissant défenseur : il combat avec d'autant plus de force qu'il se place sur son propre terrain : ses armes, ce ne sera ni l'épigramme, malgré le goût de l'époque, ni le quatrain, malgré son admiration pour Pibrac ; il luttera avec les décisions des conciles, les écrits des Pères de l'Eglise, les ordonnances de nos rois, mais surtout avec la jurisprudence et les arrêts des parlements.

Son ouvrage, très complet sur tout ce qui se rattachait aux appellations connues alors sous le nom d'abus et aujourd'hui sous celui d'appels comme d'abus, se divise en cinq livres.

Dans le premier, l'auteur consacre vingt-quatre pages in-folio à l'exposition et la justification des libertés de l'Eglise gallicane, et c'est avec un malin plaisir qu'il cite en forme de conclusion le quatrain de Pibrac :

> Je hais ces mots de puissance absolue,
> De plein pouvoir, de propre mouvement :
> Aux saints décrets ils ont premièrement
> Puis à nos lois, la puissance tollue.

Dès son apparition le *Traité de l'Abus* fit grand bruit. L'assemblée générale du clergé s'en émut.

Ce n'était pourtant pas la première fois qu'un avocat prenait en main la défense de ces fameuses libertés : le plus ancien des aïeux de notre ordre, Pierre de Cugnères, « personnage de grande littérature légale », fut l'auteur de la réponse célèbre à la bulle de Boniface VIII. « Il la fit commencer par ces mots : *Sciat fatuitas tua ;* et leur énergie, taxée de gaillardise, réjouissait encore plus de trois siècles ensuite, le gallicanisme hérétique de Loysel, de Pasquier et de Pithou qui les rapportent. Aussi le clergé se vengea sur la mémoire de l'imprudent. Après la mort du sieur de Cugnères, son nom fut travesti en celui de Pierre du Cugnet : on fit de sa personne une statue grotesque et caricaturée ; on la plaça en plein air, en un coin du chœur de l'église Notre-Dame, et bien longtemps encore, après que tout souvenir du pauvre « chevalier ès-loix » se fut complètement éteint, les vieilles dévotes du quartier et les gamins de la cité se faisaient un article de foi d'acheter des chandelles pour lui brûler le nez en effigie (1). »

Pour Févret la vengeance fut moins terrible : on se contenta de lui répondre en latin que son livre était un tissu d'injures contre le clergé, et le cardinal d'Estrées fut chargé de trouver un théologien capable de le refuter. Il écrivit à Antoine de Hauteserre qui, malgré le poids de ses quatre-vingts ans, accepta la mission : le livre de Févret avait été jugé, en assemblée générale, fort préjudiciable à la juridiction et à la discipline de l'Eglise.

Hauteserre ne fut point, paraît-il, à la hauteur de sa mission : « Son livre, dit de la Marre, dans ses mémoires manuscrits, ayant été examiné par quelques-uns des évêques commis pour cela et ne s'étant pas trouvé tel que le clergé l'avait espéré, on ne le fit point imprimer : et néanmoins le bonhomme se flatte que le chancelier fait un tort

(1) V. M. Munier-Jolain, op. cit.

irréparable à la république des lettres de lui refuser le privilège pour l'imprimer. » L'abbé Papillon observe à son tour que ce professeur français n'a pas fait assez d'attention sur nos maximes et sur les libertés de l'Eglise gallicane. La matière paraît plutôt traitée par un historien ultramontain que par un jurisconsulte français. Plus tard, après son impression, le livre d'Antoine de Hauteserre n'obtint pas plus d'autorité.

Févret triomphait : il consolida sa victoire par de vigoureuses réponses. Le *Traité de l'Abus* passa, parmi les contemporains eux-mêmes, pour un chef-d'œuvre et un livre original. La matière est épuisée par l'auteur : il servit de règle et d'oracle à tous les tribunaux, et selon Lenglet du Fresnoy, c'est l'ouvrage le plus savant et le plus nécessaire que nous ayons sur les matières ecclésiastiques (1). J'ajoute qu'aujourd'hui encore la lecture en est utile et intéressante, et que par un privilège assez rare pour nos anciens ouvrages de droit, sa valeur vénale est assez élevée.

Le livre de Févret ajouta à la réputation déjà grande de son auteur : mais, fidèle aux traditions parlementaires, il ne se servit de l'influence que lui donnait son talent et de l'autorité qu'il s'était acquise que pour soutenir et défendre au besoin les droits et privilèges d'un ordre auquel il s'honorait d'appartenir.

Les vives sollicitations dont il fut l'objet ne parvinrent jamais à lui faire abandonner la robe d'avocat. Les luttes

---

(1) En reproduisant les jugements portés par les contemporains sur l'œuvre de Févret et sur celle de son contradicteur, je ne suis que simple rapporteur, et je n'entends pas me prononcer sur le point de doctrine ecclésiastique qui peut s'y trouver engagé.

du barreau, les travaux qu'impose notre profession, mais aussi la considération, l'estime publique qui en sont la récompense, valaient plus à ses yeux que les honneurs attachés à la simarre du magistrat.

Toute sa vie il resta fidèle à ses principes. Il refusa les siéges de conseiller et même de président qui lui furent offerts et se borna à accepter un office de secrétaire de la Cour, qui ne le détournait pas de la profession d'avocat.

« Mon fils, écrivait-il à Pierre Févret, rappelez-vous » qu'il ne faut souvent qu'un peu de faveur pour être » magistrat, mais que notre profession exige de l'étude, du » savoir et une fermeté de conscience qui ne se voit pas » toujours chez ceux qui ne relèvent que du pouvoir et non » du public. »

Et ailleurs il dit encore : « Quoi de plus beau que la » profession d'avocat ! Ses travaux, ses difficultés, ses » luttes de chaque jour fortifient l'esprit et le maintiennent » toujours en haleine. Croyez qu'un avocat conservera sa » vaillance jusqu'au dernier soupir...... N'ayez nulle » inquiétude pour ma santé. Je travaille et l'esprit soutient » le corps...... La mort n'aura pas encore raison de moi. » J'en ai appelé et j'ai plaidé ma propre cause. Vous savez » bien qu'un avocat ne meurt pas ainsi. Il a trop à faire » pour les autres et pour lui-même (1). »

C'est à soixante-quinze ans que Févret écrivait avec cette liberté d'esprit et cette conscience de sa vigueur et de son intelligence.

---

(1) *Recueil d'autographes de Dijonnais*, 5 vol. in-4°, à la bibliothèque de Dijon, *passim*.

Il mourut trois ans après, à soixante-dix-huit ans, dans toute la plénitude de ses hautes facultés.

J'ai terminé ma tâche, Messieurs ; je livre cette vie si remplie à vos méditations ; Févret fut le type parfait de l'avocat d'autrefois : je ne vous ai pas parlé des dignités dont il fut revêtu (1), des amitiés illustres qu'il sut conquérir et garder (2), des marques si nombreuses de la faveur royale, tout cela passe, mais ce qui reste, c'est l'honneur d'une vie tout entière consacrée au bien de ses concitoyens, à l'amour de sa profession, au culte de la science et des lettres : à la gloire de l'avocat et du jurisconsulte je n'ai rien voulu ajouter, et celle-là suffit à Févret.

N'est-ce pas, Messieurs, que le souvenir de tels hommes est nécessaire toujours et qu'il doit demeurer toujours vivant parmi nous ?

(1) Il fut pendant plus de trente ans conseil de la ville et il fut choisi pour être conseil des Trois-Etats de la province. Dès 1626 et 1627, Monsieur, frère du roi, l'avait nommé pour son conseil ordinaire en toutes ses affaires, et le prince de Condé l'avait choisi pour intendant de sa maison et de ses affaires en Bourgogne. Il fut continué en la même qualité par Louis de Bourbon, son fils. Il fut aussi nommé par messire Frédéric-Casimir, prince palatin du Rhin, et par son épouse Madame Amélie-Autuverpie, née princesse d'Orange, pour conseil et intendant de leurs affaires en Bourgogne. Une des rues de Dijon portait encore il y a quelques années le nom de Févret, elle a disparu lors de la construction des halles.

(2) Il était intimement lié avec le garde des sceaux Marillac et avec la plupart des gens de lettres de son temps.

APPENDICE

I.

NOTICE GÉNÉALOGIQUE DE LA FAMILLE FÉVRET.

La famille Févret, aujourd'hui éteinte, du moins en Bourgogne, est noble et ancienne. Elle remonte, nous dit Courtépée, à Charles Févret, licencié es-lois, qui était établi à Semur-en-Auxois et vivait encore à la fin du XIVe siècle : il eut un fils d'une femme dont on ignore le nom, Jean Févret. Celui-ci, mort en 1468, avait épousé Hélène de Gorgiard, la dernière de sa maison. Elle institua Gérard, son fils, son héritier universel, à charge par lui d'écarteler ses armes avec celles des Févret ; depuis ce temps les Févret ont toujours porté : *écartelé au 1 et 4, d'azur à la bande d'or de trois pièces, qui est de Févret ; au 2 et 3, d'argent à une hure de sanglier arrachée de sable, armée d'argent, lampassée d'une flamme de gueules, qui est de Gorgiard.*

Gérard Févret avait épousé Anne de Vautrilliers ; son petit-fils Jacques Févret, conseiller au Parlement, mari de Suzanne Guichard de Saulieu, laissa deux enfants, notre Charles, qui continua la filiation, et Isaac, qui fit branche.

Cette branche cadette occupa des emplois à la Chambre des comptes de Bourgogne et dans les armées : au siècle dernier, elle se subdivisa elle-même en deux rameaux, fixés l'un en Amérique en la personne de Claude Févret, lieutenant de vaisseau (1707), puis major de l'escadre commandée par Ducasse, pour l'Amérique ; il s'y établit et eut postérité ; j'ignore si ces Févret y subsistent encore. L'autre rameau s'établit en Portugal, en la personne de N. Févret, officier aux gardes du corps du roi de Portugal, dans la seconde moitié du XVIIIe siècle ; je ne sais s'il a eu postérité. Les alliances directes de cette branche sont : Blondeau, de Bretagne; Richard d'Ivry, de Jaquot, Guichard, Mochot.

Notre Charles Févret, seigneur de Saint-Mesmin et Godan, épousa Anne Brunet, d'une famille de noblesse de robe qui a encore des représentants aujourd'hui. Ses descendants occupèrent des charges au Parlement. L'un d'eux, J.-B.-Antide Févret de Fontette, fut lieutenant-colonel d'infanterie, bailli d'épée du bailliage de la Montagne, commandant des troupes du roi à Ajaccio, en l'île de Corse (1747), puis aide-maréchal général des logis de l'armée de Bretagne.

La famille Févret de Saint-Mesmin s'est éteinte en la personne de M. Charles-Julien Févret de Saint-Mesmin, né à Dijon le 12 mars 1770, et mort dans cette ville le 23 juin 1852, sans alliance. Il émigra au moment de la Révolution, fut lieutenant-colonel à l'armée des princes, puis, rentré à Dijon, il fut nommé conservateur du musée en 1817 et se consacra aux arts; c'est à lui qu'on doit la restauration des magnifiques tombeaux des ducs de Bourgogne et des autres objets d'art de la salle dite des Ducs.

Les alliances directes de cette branche sont : Brunet, Petit de Roüelle, de Hénin-Liétart, Quillardet, de Chalus, de Migieux, de Rémond, de Brosses, Espiard de la Cour, de Motmans, Leclerc de Juigné (1).

II.

ŒUVRES DE FÉVRET.

1° Discours prononcé en présentant au Parlement les lettres de grâce d'Hélène Gillet, condamnée à être décapitée. (V. la note de la page 19.)

(1) Cette notice généalogique m'a été communiquée par mon excellent ami et confrère, M. Roger de Larion de l'Egouthail.

2° Discours adressé à Louis XIII lors de la sédition arrivée en la ville de Dijon le 28 février 1830. (Voir la note de la page 26.)

3° Préface latine et trois distiques latins sur ses armoiries. (*Indice armorial* de Géliot, 1635, page 370.)

4° Harangue faite au Parlement le 20 novembre 1631, sur la présentation et lecture du gouvernement de Bourgogne, en faveur de Henri de Condé. (Dijon, Cl. Guyot, 1631, in-4°, et 1647.)

5° Cinquante-cinq odes latines à sainte Thérèse, insérées dans *La Vie de sainte Thérèse, représentée par figures avec l'explication tant en prose qu'en vers français et latins*, Grenoble, chez Laurent Gilibert, 1678, 2e édition. Pour attribuer à Févret ces odes qu'aucun de ses biographes n'a mentionnées parmi ses œuvres, je m'appuie : 1° sur la préface de cette Vie de sainte Thérèse, où il est dit que : « *l'auteur des odes s'y est surpassé et bien que son nom soit célèbre par ses ouvrages sur Pibrac....,* » 2° sur une note placée au bas de la page 385 de l'ouvrage intitulé : *Bibliotheca scriptorum utriusque congregationis Carmelitarum*, per Martialem a Sancto Joanne Baptista ; j'y lis ces mots : « *Divionensis causarum patronus odes elucubravit.* » Cette Vie de sainte Thérèse a été imprimée en 1678. Févret est mort en 1661, il est le seul avocat dijonnais qui à cette époque se soit occupé de Pibrac : j'en conclus qu'il est bien l'auteur des odes latines que je lui attribue.

6° Discours prononcé au Parlement lorsque les lettres d'exemptions de taille, pour Saint-Jean-de-Losne, furent enregistrées en décembre 1636. (Voir la note de la page 32.)

7° *La Perdrix et l'Orange*, question proposée au carnaval en l'an 1645, etc. Dijon, Palliot, 1645, in-8°.

8° Harangue faite au Parlement de Dijon, le 11 mars 1647, à la présentation des lettres du gouvernement de Bourgogne en faveur de Louis de Condé. Dijon, Palliot, 1647, in-4°.

9° Autre sur le même sujet, prononcé le 15 avril 1660. Dijon, Palliot, 1660, in-4°.

10° *De Claris Fori burgundici oratoribus Dialogus*. Dijon, Palliot, 1654, in-8°.

11° *Traité de l'Abus et du vrai sujet des appellations qualifiées du nom d'Abus*. Dijon, Palliot, 1653, in-f°., 1654, 1655, 2e édition ; Lyon, 1667, in-f° ; autres éditions : Lyon, 1677 ; Lyon, 1681 ; Lyon, 1689 ; Lyon, 1736.

12° Remarques faites sur le *Traité de l'Abus*, par une personne de mérite, commise par Monseigneur le garde des Sceaux, à la lecture de ce Traité, pour lui en faire le rapport; les raisons sur lesquelles elles ont été établies, et la réponse aux remarques et raisons. Dijon et Paris, 1654, in-8°.

13° Dix-sept distiques à la louange de Naudé. (*Tumulus Naudæi*, 1659, p. 86.)

14° *De Officiis vitæ humanæ, sive in Pibraci tetrasticha commentarius*. Lyon, 1667, in-12.

15° *Carmen de Vita sua* (inséré dans la *Continuation des mémoires de littérature, etc.*, de M. de Salengre, t. II, p. 155.)

16° *Mémoires* pour la vie du cardinal de Givry. Ces mémoires ont été envoyés par Févret à François Duchesne le fils, qui préparait la Vie des Cardinaux français. Ils sont restés inédits.

17° *Mémoire ou Recueil sur le Droit*, 2 vol. in-f°. Inédits.

18° *Commentaire* de Charles Févret sur les onze premiers

titres de la coutume de Bourgogne. Inédit. Le président Bouhier en fait mention dans ses *Observations sur la coutume de Bourgogne.* Observ. 2, p. 622.

19o Discours prononcé lors de la présentation au Parlement, des lettres de lieutenant du Roi en Bourgogne, données à Louis de Chalon du Blé, marquis d'Uxelles. Inédit. Le P. Berthaut en fait mention dans son *Orbandale*, p. 11.

V. *Galerie bourguignonne*, ouvrage déjà cité de MM. Muteau et Garnier.

III.

ÉPITAPHE DE FÉVRET.

Charles Févret fut enterré dans le charnier de la chapelle, à Saint-Jean, sa paroisse. Pierre Févret, son fils, chanoine de la Sainte-Chapelle, lui fit ériger un mausolée, sur lequel on grava cette épitaphe :

Carolus Fevretus, orator eloquentissimus, Abusum notavit et expunxit : ex Anna Brunet conjuge novemdecim liberos genuit, et auxit purpuratam gentem duobus senatoribus, totidem nepotibus et genero. Ob. prid. Id. sextil. an. sal. 1661, ætatis 78.

D. O. M.

A côté du mausolée on lisait une autre épitaphe qui n'est que le développement de la précédente. Elle est également rapportée par l'abbé Papillon, op. cit.

www.ingramcontent.com/pod-product-compliance
Ingram Content Group UK Ltd.
Pitfield, Milton Keynes, MK11 3LW, UK
UKHW021948260726
13994UKWH00004B/1615